卵・乳製品・小麦粉なし

作ってあげたい

子どものおやつ

桑原奈津子

KADOKAWA

Contents

材料のこと、道具のこと

粉類

米粉

必ず「製菓用」を選んでください。製菓用米粉は粒子が非常に細かいのが特徴で、小麦粉と違ってグルテンが発生しないので混ぜるのにコツがいりません。「料理・ケーキ用」「パン用」など紛らわしい表示もあるので要注意。白玉粉や上新粉なども米粉の一種ですが「製菓用」とは異なります。

アーモンドプードル

アーモンドを粉砕したもの。アーモンド粉、アーモンドパウダーと呼ばれることも。本書ではバター、卵を使用しないため、アーモンドプードルでコクや風味をプラスします。

ベーキングパウダー

お菓子やパンの生地をふくらませる粉。アルミフリーのものをおすすめします。商品によっては小麦を少量含んでいるものがあるので、必ず原材料を確認してください。

大豆製品

豆腐

乳製品の代わりに大豆製品がよく登場します。豆腐はすべて木綿豆腐を使用しています。絹ごし豆腐とは水分量が異なるので間違えないようにしてください。食物繊維、たんぱく質といった栄養が豊富なので、おやつでも積極的に取り入れましょう。

豆乳

豆乳には飲みやすいように甘みが加えられている調整豆乳と、大豆100%の成分無調整のものがありますが、本書のレシピでは後者を使用しています。

おから

大豆から豆乳を搾ったあとに残るもので、食物繊維がたっぷり。本書ではスーパーでパックに入って売られている「生おから」を使用しています。

油、調味料

油

バターの代わりに植物性の油を使用します。本書では「菜種油」が多く登場しますが、香りや味にあまりクセのないタイプを使用しています。菜種サラダ油、太白ごま油、米油を使っても大丈夫です。

塩

おやつ作りでは多用はしませんが、味の引き締め役としてたびたび登場します。加工や添加がされていない塩を選びましょう。

砂糖

本書ではほとんどのレシピにきび砂糖を使用しています。ミネラルなどの栄養を含み、自然な甘さでコクも出ます。また溶けやすいのでじゃむ作りには◎。色を残したくない場合はグラニュー糖を使用します。

みそ

少量使うとほどよい塩け、発酵の風味をつけることができます。本書では米麹を使った信州みそを使用しています。減塩タイプではないものがおすすめです。

道具

泡だて器

本書には卵、バター、生クリームが登場しないので、泡立てることはありませんが、粉類や油などをムラなくよく混ぜるために使用します。柄の長さ、太さが自分の手になじむものがよいでしょう。

計量スプーン

ベーキングパウダーや塩など少量のものを計量する際に使います。

ゴムべら

生地を混ぜる以外にも、湯せんにかけたチョコレートなど熱いものを扱う場合もあるので耐熱性がおすすめ。大きいものは生地を混ぜるときに、小さいものは小さい容器から出すといったときに使用すると便利です。一体型だと洗いやすく、はずれる心配もなし。

フードプロセッサー

ナッツやドライフルーツなどかたいものを素早く、均一に細かくする、豆腐をなめらかにするというときに使います。ハンドブレンダーでもOK。レシピによっては、包丁で細かくする、泡だて器でよく混ぜるなどで代用できる場合も。

デジタルスケール

計量カップ、計量スプーンも使用しますが、もっと正確、かつ便利なのでぜひ活用してほしいアイテムです。例えば、ボウルに材料を入れ、ワンタッチで「ゼロ」に戻せば続けて次の材料を入れて計量できるからラク。

型

本書では流しかん（上）、パウンド型（左下）、丸型（右下）、アルミカップ（丸型の内側）が主に登場します。焼き菓子の場合は内側にグラシン紙やオーブン用ペーパーを敷きます。

100均ショップでも買えます！
型がないという方はぜひ100均ショップをチェックしてみてください。ステンレス製、紙製と豊富にそろっています。紙製はそのまま手土産、プレゼントにも！　型以外にも泡だて器、ゴムべら等の道具もあるのでぜひチェックしてみて。

レシピの表記について

● 大さじ1は15mℓ、小さじ1は5mℓです。ひとつまみは親指、人さし指、中指の3本の指先でつまんだ量です。

● 電子レンジの加熱時間は500Wのものを基準にしています（600Wの場合は0.8倍、700Wの場合は0.7倍を目安に）。なお、機種によって多少異なるので、様子を見ながら加熱してください。

● オーブンの加熱時間もまた機種によって多少異なるので、様子を見ながら温度設定や時間を調整してください。

● 加熱機器はガスコンロ使用を基準にしています。IH調理器などの場合は、調理機器の表示を参考にしてください。

● 米粉は水分量によって生地の状態が変わりやすいため、本書では豆乳や油の分量をg表記にしています。また、ベーキングパウダーや砂糖の配合を変えると生地を揚げる時に破裂する可能性があります。必ずレシピ通りに作ってください。

はじめに

　本書では乳幼児期にもっとも多い食物アレルギーの原因となる、卵、乳製品、小麦粉を取り除いたおやつのレシピをご紹介しています。大豆製品や植物油などヘルシーな材料で作れるものばかりなので、アレルギーがないお子さん、大人の方にも安心して食べてもらえます。また材料は身近にあるもの、作る工程もシンプルなのでおやつ作りに慣れていない方でも大丈夫。生地を泡立てたり、寝かせたりすることがなく、時間も手間もかかりません。

　レシピのいくつかには、子どもたちも参加できる「お手伝いポイント」を入れています。作るところから、おやつの時間を一緒に楽しみましょう！

　わが子の食物アレルギーに悩む親御さんのために、国立成育医療研究センターのアレルギー専門医からのアドバイスも載せています。ぜひ参考になさってください。

　絵本でしか知らないプリンやパンケーキのおいしさを、みんなと一緒に過ごすおやつの時間の楽しさを、たくさんの子どもたちに知ってもらえますように。

● 本書は食物アレルギーの中でも、乳幼児期に発症しやすい卵、乳製品、小麦粉を取り除いたおやつのレシピを紹介しています。

● 食物アレルギーの重い症状がある場合は、必ず医師と相談してください。

● 本書では大豆製品、ナッツ類、米粉がよく登場します。大豆アレルギー、ピーナッツアレルギーやナッツアレルギーなどがある場合はご注意ください。

● ベーキングパウダーは商品によって小麦を含む場合があります。原材料を必ず確認してください。

● ハム、ベーコンなどの加工肉は商品によって卵、乳製品、小麦粉を含む場合がありますので、原材料を必ずご確認ください。

● みそ、しょうゆは商品によって小麦粉を含む場合があります。P21「黒豆のマフィン」に使用する市販品の黒豆の甘煮は、しょうゆを使っているため、パッケージをご確認ください。

● ほとんどのおやつは離乳食後期から食べられる、やわらかく、甘さ控えめのものですが、それぞれの歯の生え具合や食事経験によって食べられるもの、食べられないものは異なります。

持ち運びできる！

Part 1

毎日のおやつ

保育園や幼稚園のおやつタイム用に持って行ける、
お出かけ先でちょっとおなかが空いたときにも食べられる
日常のおやつ。甘さは極力控えて、野菜も取り入れた、
安心して食べてもらえるおやつレシピがいっぱいです。

きなこのまんまるクッキー

こうばしいきなこがぎっしり詰まったクッキー。口の中に入れるとすぐほろほろに。
折り紙などで〝コップ〟を作り、袋で包むと持ち運びしやすく、食べる時にも便利。

材料（直径約 2cm × 25 個分）

製菓用米粉 ── 50g
きなこ ── 30g
豆乳（成分無調整）── 30g
きび砂糖 ── 25g
塩 ── ひとつまみ
菜種油（または米油、太白ごま油）── 20g

下準備

☐ 天板にオーブン用ペーパーを敷く。
☐ オーブンは 170℃に予熱する。

子どもと一緒に！お手伝いポイント

生地ができたら、ちぎって丸めるのをお
手伝いしてもらいましょう。ひと口サイズ
なので小さい手でも大丈夫！

作り方

1.
ボウルに豆乳、砂糖、塩を入れ、
泡だて器で砂糖が溶けるまでよく混
ぜる。油を加え、乳化して全体がな
じむまで混ぜ、きなこを加えてさら
に混ぜる。

2.
米粉を加え、ゴムべらで粉っぽさが
なくなるまで混ぜる。手でこねてひ
とまとめにする。

3.
25 等分にちぎって丸め、天板に間
をあけて並べる。オーブンで約 15
分焼く。

ごまごまクッキー

練りごまといりごまをダブル使いしたクッキーは栄養も豊富。
かための食感なので、かむ練習にもなりそう。
小さい子の場合は、さらに小さく割ってからあげてくださいね。

材料（約 2.5cm 四方× 36 枚分）

製菓用米粉 —— 70g
黒練りごま —— 30g
豆乳（成分無調整）—— 25g
きび砂糖 —— 25g
塩 —— 少々
白いりごま —— 15g

下準備

☐ 天板にオーブン用ペーパーを敷く。
☐ オーブンは 170℃に予熱する。

作り方

1.

ボウルに練りごま、豆乳、砂糖、塩を入れ、泡だて器で砂糖が溶けるまでよく混ぜる。いりごま、米粉を加え、ゴムべらで粉っぽさがなくなるまで混ぜる。手でこねてひとまとめにする。

2.

ラップを広げて1をのせ、約15cm四方にラップをたたむ。ラップの上からめん棒で均一の厚さにのばす。

3.

2のラップを開いて、生地を包丁で36等分に切り、天板に間をあけて並べる。オーブンで約13分焼く。

ピーナッツバタークッキー

コクのあるピーナッツバターを混ぜ込み、
ピーナッツの殻の形にしたかわいいクッキー。
小さな袋に入れて気軽なプレゼントにも！

材料（長さ約 6cm × 12 個分）

製菓用米粉 — 60g
ピーナッツバター（無糖・粒なし）— 35g
豆乳（成分無調整）— 30g
きび砂糖 — 30g
塩 — ひとつまみ
菜種油（または米油、太白ごま油）— 10g

下準備

□ 天板にオーブン用ペーパーを敷く。
□ オーブンは 170℃に予熱する。

子どもと一緒に！お手伝いポイント

かわいいピーナッツの殻形にするには、
指で中央にくびれを作り、さらにフォーク
で適度に潰すこと。上手にできるかな？

作り方

1.

ボウルにピーナッツバター、豆乳、
砂糖、塩を入れて、泡だて器で砂
糖が溶けるまでよく混ぜる。油を加
えてさらに混ぜる。米粉を加えてゴ
ムべらで粉っぽさがなくなるまで混
ぜ、手でこねてひとまとめにする。

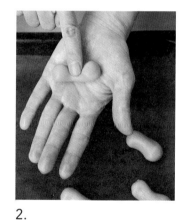

2.

12 等分にし、丸める。手のひらの
上で転がして細長くし、中央を指で
押さえながらさらに転がして約 6cm
長さのひょうたん形にして天板に並
べる。

3.

フォークで押さえて筋をつけなが
ら、平らにする。オーブンで約 15
分焼く。

アーモンドクッキー

アーモンドの粉でコクを、スライスで食感をプラスしたリッチなテイスト。
手でラフに形を整えるだけなので、誰でも気軽に作れますよ!

材料（直径約 6cm × 10 枚分）

製菓用米粉 —— 50g

アーモンドプードル —— 30g

アーモンドスライス —— 25g

豆乳（成分無調整）—— 20g

きび砂糖 —— 30g

塩 —— ひとつまみ

菜種油（または米油、太白ごま油）—— 20g

下準備

☐ 天板にオーブン用ペーパーを敷く。

☐ オーブンは 170℃に予熱する。

子どもと一緒に！お手伝いポイント

生地をこねる感触は子どもも大好き！
成形もラフなほうがいいので、子どもの
ほうが上手に作れちゃうかも!?

作り方

1.
ボウルに豆乳、砂糖、塩を入れて、泡だて器で砂糖が溶けるまでよく混ぜる。油を加え、乳化して全体がなじむまで混ぜ、アーモンドプードルを加えてさらに混ぜる。

2.
アーモンドスライス、米粉を加えてゴムべらで粉っぽさがなくなるまで混ぜる。さらに手でこねてひとまとめにする。

3.
10 等分にちぎって丸め、天板に間をあけて並べる。手で押さえて直径6cm 程度の円形にする。オーブンで約 16 分焼く。

シンプルマフィン

ほのかな甘みのやさしいおやつ。
ふんわりとして口どけがよいので、小さい子でも食べやすい。
朝食のパン代わりにもどうぞ。

材料（90mℓのマフィン型またはアルミカップ×3個分）

製菓用米粉 —— 100g
ベーキングパウダー —— 小さじ1
豆乳（成分無調整）—— 80g
きび砂糖 —— 25g
塩 —— ひとつまみ
菜種油（または米油、太白ごま油）—— 35g

下準備

☐ マフィン型にグラシンカップを敷く。
☐ オーブンは180℃に予熱する。

作り方

1.
ボウルに豆乳、砂糖、塩を入れ、
砂糖が溶けるまで泡だて器でよく混
ぜる。油を加え、乳化して全体がな
じむまで混ぜ、米粉、ベーキングパ
ウダーを加えてなめらかになるまで
さらに混ぜる。

2.
マフィン型に流し入れ、オーブンで
約15分焼く。

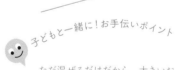

子どもと一緒に！お手伝いポイント

ただ混ぜるだけだから、大きいお
子さんならぜひ最初の計量から一
緒に作ってみて！　初めてのおや
つ作りにおすすめです。

りんごのマフィン

コロコロに切ったりんごを生地にたっぷり混ぜて、
さらに上にもトッピング。
りんごの酸味と甘みが凝縮した味わいを楽しめます。

材料（90mlのマフィン型またはアルミカップ×4個分）

製菓用米粉 ── 100g
ベーキングパウダー ── 小さじ1
りんご ── 正味100g
豆乳（成分無調整）── 80g
きび砂糖 ── 25g
塩 ── ひとつまみ
菜種油（または米油、太白ごま油）── 35g

下準備

□ マフィン型にグラシンカップを敷く。
□ りんごは皮をむき、芯や種をのぞいて1cm角に切る。
□ オーブンを180℃に予熱する。

作り方

1. ボウルに豆乳、砂糖、塩を入れ、砂糖が溶けるまで泡だ
   て器でよく混ぜる。油を加え、乳化して全体がなじむま
   で混ぜ、米粉、ベーキングパウダーを加えてなめらかに
   なるまでさらに混ぜる。りんごの2/3量を加えてゴムべ
   らで混ぜる。

2. マフィン型に流し入れ、残りのりんごをのせる。好みでシナ
   モンパウダー少々をふり、オーブンで約17分焼く。

黒豆のマフィン

甘く煮てある黒豆を混ぜた和風テイストのマフィン。
大きめの豆は食べ応えがあり、腹持ちもいいので、
腹ぺこの子どもも1個で大満足！

材料（90mℓのマフィン型またはアルミカップ×4個分）

製菓用米粉 — 100g

ベーキングパウダー — 小さじ1

黒豆の甘煮（市販品）— 100g

豆乳（成分無調整）— 80g

黒砂糖（粉）— 25g

塩 — ひとつまみ

菜種油（または米油、太白ごま油）— 35g

下準備

☐ マフィン型にグラシンカップを敷く。

☐ オーブンを180℃に予熱する。

☐ 黒豆の汁けがある場合はざるにあけて汁けをきる。

作り方

1. ボウルに豆乳、砂糖、塩を入れ、砂糖が溶けるまで泡だて器でよく混ぜる。油を加え、乳化して全体がなじむまで混ぜ、米粉、ベーキングパウダーを加えてなめらかになるまでさらに混ぜる。黒豆の2/3量を加えてゴムべらで混ぜる。

2. マフィン型に流し入れ、残りの黒豆をのせる。オーブンで約17分焼く。

もちもちパンケーキ

ふわふわ、もちもち、弾力があるシンプルなパンケーキ。
朝ごはん、ランチ、おやつといろいろなシーンで楽しめそう!
お好みでメープルシロップをかけて。

にんじんのパンケーキ

すりおろしたにんじんを生地に混ぜて、
自然な甘さをプラス。
野菜嫌いな子もきっとパクパク食べられます!

もちもちパンケーキ

材料（直径約 12cm × 4 枚分）

製菓用米粉 — 100g
ベーキングパウダー — 小さじ 1
豆乳（成分無調整）— 150g
きび砂糖 — 12g
塩 — ひとつまみ
菜種油（または米油、太白ごま油）
　　 — 20g ＋適量

作り方

1.
ボウルに豆乳、砂糖、塩を入れ、
砂糖が溶けるまで泡だて器でよく
混ぜる。油 20g を加え、乳化して
全体がなじむまで混ぜ、米粉、ベ
ーキングパウダーを加えてなめら
かになるまでさらに混ぜる。

2.
フライパンを中火で熱し、油をキッ
チン用ペーパーで薄く広げる。弱
めの中火にし、1 の 1/4 量を流し入
れる。1 分 30 秒～ 2 分焼いてふ
ちが乾いてきたら上下を返し、さら
に約 1 分焼いて取り出す。残りも
同様にし、全部で 4 枚焼く。

にんじんのパンケーキ

材料（直径約 12cm × 4 枚分）

製菓用米粉 — 100g
ベーキングパウダー — 小さじ 1
にんじん — 80g
豆乳（成分無調整）— 100g
きび砂糖 — 12g
塩 — ひとつまみ
菜種油（または米油、太白ごま油）
　　 — 20g ＋ 適量

作り方

1. にんじんはすりおろし、ボウルに入れる。豆乳、砂糖、塩を加えて、砂糖が
溶けるまで泡だて器でよく混ぜる。油 20g を加え、乳化して全体がなじむまで混
ぜ、米粉、ベーキングパウダーを加えてなめらかになるまでさらに混ぜる。

2. 「もちもちパンケーキ」（上記参照）の作り方 2 と同様にする。

バナナブレッド

子どもたちが大好きなバナナを使ったパウンドケーキ。
甘い香りが漂う少し熟したバナナを使うと潰すのも簡単。
スライスしてからトーストすると、もっちりとしたパンのようになっておいしいですよ。

材料（18 × 8.5 ×高さ6cm のパウンド型×1 台分）

製菓用米粉 —— 180g

ベーキングパウダー —— 小さじ1

バナナ —— 正味200g

豆乳（成分無調整）—— 50g

きび砂糖 —— 65g

塩 —— ひとつまみ

菜種油（または米油、太白ごま油）—— 60g

下準備

☐ パウンド型にグラシン紙、またはオーブン用ペーパーを敷き込む。

☐ オーブンは170℃に予熱する。

子どもと一緒に！お手伝いポイント

バナナを並べるのはお好みでOK！
子どもたちに最後の仕上げをぜひ手伝ってもらいましょう。

作り方

1.

ボウルにバナナ150g を入れて、泡だて器でよく潰す。砂糖、塩、豆乳を加えて砂糖が溶けるまでよく混ぜる。油を加え、乳化して全体がなじむまで混ぜる。

2.

米粉、ベーキングパウダーを加え、ゴムべらで粉っぽさがなくなるまで混ぜる。

3.

型に入れてゴムべらで表面をならす。バナナ50g を2mm 厚さに切って上に並べる。オーブンで約35 分焼く。

豆腐スコーン

外はカリッ、中はふんわりしたシンプルなスコーン。お好みでジャムやはちみつを添えて。
豆腐を混ぜることで冷めてもおいしく食べられますが、
翌日以降に食べる場合はオーブントースターなどで温め直すのがおすすめです。

材料（直径約6cm × 6個分）

製菓用米粉 —— 150g
ベーキングパウダー —— 小さじ1
木綿豆腐 —— 150g
豆乳（成分無調整）—— 40g
きび砂糖 —— 25g
塩 —— 小さじ1/4
菜種油（または米油、太白ごま油）—— 40g

下準備

□ 天板にオーブン用ペーパーを敷く。
□ オーブンは190℃に予熱する。

作り方

1.
豆腐はキッチン用ペーパーで包んで、軽く水けを押さえてボウルに入れる。泡だて器で崩しながら混ぜ、クリーム状にする。

2.
豆乳、砂糖、塩を加え、均一になるまでよく混ぜる。油を加え、全体がなじむまでさらに混ぜる。米粉、ベーキングパウダーを加えてゴムべらでざっくりと大きく混ぜる。

3.
生地を6等分し、手で軽く形を整えて天板に並べる。オーブンで約22分焼く。

かぼちゃのスコーン

かぼちゃの自然な甘みがあり、ホクホク感もあるので、そのまま食べてもおいしい。
何よりおやつで野菜がとれるのはうれしい！

材料（直径約6cm × 6個分）

製菓用米粉 —— 150g
ベーキングパウダー —— 小さじ1
かぼちゃ（皮つき、種とわたは取り除く）
　　 —— 正味150g
豆乳（成分無調整）—— 80g
きび砂糖 —— 40g
塩 —— ひとつまみ
菜種油（または米油、太白ごま油）—— 40g

下準備

□ 天板にオーブン用シートを敷く。
□ オーブンを190℃に予熱する。

作り方

1. かぼちゃを皮ごと4cm角に切って耐熱皿に並べ、ふんわりとラップをかけて電子レンジで約3分加熱する。ボウルに移し、すりこぎやフォークなどでよく潰す。豆乳、砂糖、塩を加えて泡だて器で均一になるまでよく混ぜ、そのまま冷ます。

2. 1に油を加え、全体がなじむまで混ぜる。米粉、ベーキングパウダーを加えてゴムべらでざっくりと大きく混ぜる。

3. 生地を6等分し、手で軽く形を整えて天板に並べる。オーブンで約22分焼く。

玉ねぎとベーコンのスコーン

炒めた玉ねぎの甘みとベーコンのうまみが合わさった
ごはんに代わりにもなるおやつ。果物やサラダを添えればランチにも!

材料（直径約 6cm × 6 個分）

製菓用米粉 —— 150g
ベーキングパウダー —— 小さじ1
木綿豆腐 —— 150g
豆乳（成分無調整）—— 30g
きび砂糖 —— 15g
塩 —— 小さじ 1/4
菜種油（または米油、太白油）—— 35g
玉ねぎ —— 60g
ベーコン（薄切り）—— 30g

下準備

□「かぼちゃのスコーン」（左ページ参照）の
　下準備と同様にする。

作り方

1. 玉ねぎを縦薄切りにしてから 2cm 長さにし、ベーコンを
　 5mm 幅に切る。フライパンにベーコンを入れて中火で炒め
　 る。脂が出てきたら玉ねぎを加えてしんなりするまで炒める。
　 取り出して冷ます。

2. 豆腐はキッチン用ペーパーで包んで軽く水けを押さえ、ボ
　 ウルに入れる。泡だて器で崩しながらクリーム状にする。
　 豆乳、砂糖、塩を加え、泡だて器で均一になるまでよく混
　 ぜ、油を加え、全体がなじむまでさらに混ぜる。1、米粉、
　 ベーキングパウダーを加え、ゴムべらでざっくりと大きく
　 混ぜる。

3. 生地を 6 等分し、手で軽く形を整えて天板に並べる。オー
　 ブンで約 22 分焼く。

ごまみそクラッカー

カリカリ、ポリポリ、食べ始めたら止まらない、甘くないおやつは
子どもの小さい手でも持ちやすいスティックタイプに。
持ち歩いて、小腹をすかせたときにさっと渡しましょう！

トマトとパセリのクラッカー

トマトペーストを練り込み、
オリーブ油、パセリを使ったイタリアンテイスト。
大人のおつまみにもなりそう！

ごまみそクラッカー

材料（長さ約 8cm × 42 本分）

製菓用米粉 — 80g
ベーキングパウダー — 小さじ 1/2
白いりごま — 10g
みそ — 12g
豆乳（成分無調整）— 45g
ごま油 — 15g

下準備

☐ 天板にオーブン用ペーパーを敷く。
☐ オーブンは 160℃に予熱する。

\memo/

包丁に油（分量外）をぬると生地がつかなくて切りやすい。ラップにもつきやすいので、少し切ったら並べるのを繰り返して。生地は崩れやすいのでそっと持って。

作り方

1.
ボウルにみそ、豆乳、ごま油を入れ、泡だて器でよく混ぜる。いりごま、米粉、ベーキングパウダーを加えてゴムべらで粉っぽさがなくなるまで混ぜる。手でなめらかになるまでこね、ひとまとめにする。

2.
ラップを広げて 1 をのせて、約 16cm 四方にラップをたたむ。ラップの上からめん棒で均一の厚さにのばす。

3.
ラップを開いてその上で生地の上下を返し（あとではがしやすくなるため）、横半分に切ってから縦 5mm 幅の棒状に切る。天板に間をあけて並べ、オーブンで約 10 分焼く。150℃にしてさらに約 6 分焼く。

トマトとパセリのクラッカー

材料（長さ約 8cm × 42 本分）

製菓用米粉 — 80g
ベーキングパウダー — 小さじ 1/2
トマトペースト — 18g
パセリ（ドライ）— 小さじ 2
豆乳（成分無調整）— 40g
オリーブ油 — 15g
塩 — 小さじ 1/4

下準備

「ごまみそクラッカー」（上記参照）の下準備と同様にする。

作り方

1. ボウルに豆乳、トマトペースト、オリーブ油、塩を入れて泡だて器でよく混ぜる。パセリ、米粉、ベーキングパウダーを加えてゴムべらで粉っぽさがなくなるまで混ぜる。手でなめらかになるまでこね、ひとまとめにする。

2.「ごまみそクラッカー」の作り方 2、3 と同様にする。

レーズン入りフライパンブレッド

発酵なし、フライパンで焼くだけの手軽なパン風おやつ。
おからが入っているのでもっちりとして食べ応えがあります。1本ずつ包んで持って行くと、
直接手をふれずにぺりぺりめくりながら食べられて便利!

材料(長さ約12cm × 6本分)

製菓用米粉 —— 100g
ベーキングパウダー —— 小さじ1
レーズン(オイルコーティングしていないもの) —— 40g
生おから —— 100g
豆乳(成分無調整) —— 60g
きび砂糖 —— 25g
塩 —— 小さじ1/2
菜種油(または米油、太白ごま油) —— 少々

子どもと一緒に!お手伝いポイント

大きなお子さんならフライパンで焼くの
を手伝ってもらうのはいかがですか?
火傷をしないように小さな軍手をはめる
といいですよ!

作り方

1.
ボウルにおから、豆乳、砂糖、塩
を加えて、均一になるまでゴムべら
でよく混ぜる。レーズン、米粉、ベーキ
ングパウダーを加えて粉っぽさがな
くなるまでさらに混ぜる。

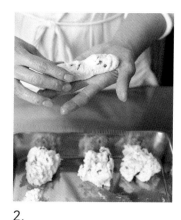

2.
1を6等分し、12cm長さの棒状に
する。

3.
フライパンを中火で熱し、油をキッ
チン用ペーパーで薄く広げる。2を
間をあけて並べ、弱火にする。ふた
をして約10分焼き、上下を返して
再びふたをしてさらに約10分焼く。

バナナクレープ

ふんわり、もっちりした生地でごはん代わりにもなるボリューム感。
小さい子なら半分、大きい子なら1本をペロリ。持ち歩く際はラップの上から
さらにワックスペーパーやリボンで包むとかわいくなります。

材料（長さ約16cm・2本分）

製菓用米粉 —— 50g
ベーキングパウダー —— 小さじ1/4
豆乳（成分無調整）—— 80g
きび砂糖 —— 15g
塩 —— ひとつまみ
バナナ —— 2本
ピーナッツバター（無糖・粒なし）—— 小さじ2
菜種油（または米油、太白ごま油）—— 適量

子どもと一緒に！お手伝いポイント

ピーナッツバターははみ出さないように塗って。バナナは真っ直ぐにのばすと巻きやすくなります。

作り方

1.
ボウルに豆乳、砂糖、塩を入れ、泡だて器で砂糖が溶けるまでよく混ぜる。米粉、ベーキングパウダーを加え、なめらかになるまで混ぜる。

2.
直径20cmのフライパンを中火で熱し、油をキッチン用ペーパーで薄く広げる。1の半量を流し入れ、すぐにフライパンを回して生地を広げる。焼き色がついたら上下を返し、同様に焼く。残りも同様に焼き、冷ます。

3.
クレープ1枚にピーナッツバター小さじ1を塗り、バナナ1本を手前において巻き、ラップで包んでなじませる。残りも同様に作る。

きなこクレープのあんこ巻き

きなこ入りの生地はこうばしく、あんことの組み合わせもばっちり。
くるみの食感もアクセントに。断面のうずまきもかわいい。

材料（長さ約16cm×2本分）

製菓用米粉 —— 40g

ベーキングパウダー —— 小さじ1/4

きなこ —— 15g

豆乳（成分無調整）—— 80g

きび砂糖 —— 15g

塩 —— ひとつまみ

粒あん（市販品）—— 60g

くるみ（ローストしたもの）—— 30g

菜種油（または米油、太白ごま油）—— 適量

下準備

□ くるみは粗く刻む。

作り方

1. ボウルに豆乳、砂糖、塩を入れ、泡だて器で砂糖が溶けるまでよく混ぜる。米粉、きな粉、ベーキングパウダーを加え、なめらかになるまで混ぜる。

2. 直径20cmのフライパンを中火で熱し、油をキッチン用ペーパーで薄く広げる。1の半量を流し入れ、すぐにフライパンを回して広げる。焼き色がついたら上下を返し、同様に焼く。残りも同様に焼き、冷ます。

3. クレープ1枚に粒あん半量を塗り、くるみ半量を散らし、手前からくるくる巻く。好みで食べやすい大きさに切っても。

サラダラップクレープ

小腹がすいたときやランチにもぴったりのおやつ。マヨネーズの代わりに
みそを塗るのがポイント。子どもでも食べやすく、作るのも簡単なラップサンドに。

材料（長さ約 16cm × 2 本分）

製菓用米粉 —— 50g
ベーキングパウダー —— 小さじ 1/4
豆乳（成分無調整）—— 80g
きび砂糖 —— 15g
塩 —— ひとつまみ
ハム —— 4 枚
サラダ菜 —— 4 枚
きゅうり（縦 4 等分に切ったもの）—— 2 切れ
みそ —— 小さじ 2 弱
オリーブ油 —— 適量

作り方

1. ボウルに豆乳、砂糖、塩を入れ、泡だて器で砂糖が溶けるまでよく混ぜる。米粉、ベーキングパウダーを加え、なめらかになるまで混ぜる。

2. 直径 20cm のフライパンを中火で熱し、油をキッチン用ペーパーで薄く広げる。1 の半量を流し入れ、すぐにフライパンを回して生地を広げる。焼き色がついたら上下を返し、同様に焼く。残りも同様に焼き、冷ます。

3. クレープ 1 枚に油小さじ 1/2 弱、みそ小さじ 1 弱を順に塗り、サラダ菜 2 枚、ハム 2 枚をのせ、きゅうり 1 切れを横一文字にのせてくるくる巻く。残りも同様にする。

キャロットケーキ

すりおろしたにんじん、くるみ、レーズンがギュッと詰まったケーキ。
焼き立ても、少し時間がたってしっとりしたのもおいしい。
バナナブレッド（24 ページ）と同様、スライスを軽くトーストして食べるのもおすすめです。

材料（18 × 8.5 ×高さ 6cm のパウンド型×1 個分）

製菓用米粉 — 180g

ベーキングパウダー — 小さじ 1

シナモンパウダー — 少々

にんじん — 正味 120g

くるみ（ローストしたもの）— 35g

レーズン（オイルコーティングしていないもの）— 30g

豆乳（成分無調整）— 60g

きび砂糖 — 60g

塩 — ひとつまみ

菜種油（または米油、太白ごま油）— 60g

下準備

□ くるみは粗く刻む。

□ パウンド型にグラシン紙、またはオーブン用ペー
　パーを敷き込む。

□ オーブンは 170℃に予熱する。

作り方

1.
にんじんはすりおろしてボウルに入
れる。豆乳、砂糖、塩を加え、泡
だて器で砂糖が溶けるまでよく混ぜ
る。油を加え、乳化して全体がなじ
むまで混ぜる。

2.
下準備したくるみ、にんじんとレー
ズンを加え、ゴムべらで混ぜる。米
粉、ベーキングパウダー、シナモン
パウダーを加えて粉っぽさがなくな
るまで混ぜる。

3.
型に流し入れ、ゴムべらで表面をな
らす。オーブンで約 35 分焼く。

おからドーナッツ

カリッ、ふわっ、もちっといろいろな食感が楽しめるドーナッツ。
おから入りで生地が崩れやすいため、成形や揚げる時は慎重に。
揚げ菓子だけどヘルシーな材料だから、子どもも大人も安心して食べられます。

材料（直径約 8cm × 4 個分）

製菓用米粉 —— 90g
ベーキングパウダー —— 小さじ 1
生おから —— 100g
豆乳（成分無調整）—— 50g
きび砂糖 —— 30g ＋ 適量
塩 —— ひとつまみ
揚げ油 —— 適量

下準備

☐ オーブン用ペーパーを 8cm 四方に 4 枚切る。

作り方

1.

ボウルにおから、豆乳、砂糖 30g、塩を入れ、ゴムべらで均一になるまでよく混ぜる。米粉、ベーキングパウダーを加え、粉っぽさがなくなるまで混ぜる。

2.

手を水で少しぬらして生地を 4 等分し、丸める。指で中央に穴をあけて、ドーナッツ形に整え、下準備したオーブン用ペーパーにのせる。

3.

揚げ油を低温（約 160℃）に熱し、2 をペーパーごとそっと入れる（くっつかないように 2 個ずつ）。約 2 分揚げたら上下を返してペーパーをはずし、さらに約 1 分 30 秒揚げ、網の上などに取り出す。残りも同様にし、粗熱がとれたら砂糖適量をまぶす。

かぼちゃのひと口ドーナッツ

かぼちゃの皮ごとすり潰して生地に混ぜ、自然な甘みに。
丸めるだけなので成形も簡単。

材料（直径約 4cm × 8 個分）

製菓用米粉 — 80g
ベーキングパウダー — 小さじ 1
かぼちゃ（皮つき、種とわたは除く）— 正味 100g
豆乳（成分無調整）— 40g
きび砂糖 — 30g
塩 — ひとつまみ
揚げ油 — 適量

子どもと一緒に！お手伝いポイント

生地を手のひらの上で転がしてまんまる
に。ふだんの泥んこ遊びの成果が出る
かも！ 大人よりうまいかも!?

作り方

1.
かぼちゃは皮ごと 4cm 角に切り、
耐熱皿に並べる。ふんわりとラップ
をかけて電子レンジで約 3 分加熱
する。ボウルに移し、すりこぎなど
で潰す。熱いうちに豆乳、砂糖、
塩を加えてゴムべらで均一に混ぜ、
そのまま冷ます。

2.
米粉、ベーキングパウダーを加え、
粉っぽさがなくなるまで混ぜる。8
等分して丸める。

3.
揚げ油を低温（約 160℃）に熱し、2
を入れる。菜箸で転がし、全面に
こんがりと揚げ色がつくまで 2 分
30 秒〜3 分揚げる。取り出して油
をきる。

43

青のり揚げパン

ピザ生地に海藻を入れて作るイタリアの揚げパン「ゼッポリーネ」風。
青のりの風味がよく、少し塩けがきいている甘くないおやつです。

材料（直径約 4cm × 8 個分）

製菓用米粉 ── 100g
ベーキングパウダー ── 小さじ 1
青のり ── 小さじ 1
豆乳（成分無調整）── 80g
きび砂糖 ── 10g
塩 ── 小さじ 1/2
揚げ油 ── 適量

作り方

1.
ボウルに豆乳、砂糖、塩を入れ、泡だて器で砂糖が溶けるまでよく混ぜる。

2.
米粉、ベーキングパウダー、青のりを加え、ゴムべらで粉っぽさがなくなるまで混ぜる。

3.
揚げ油を低温（約160℃）に熱し、2の生地を大きめのスプーンですくって、もう1本のスプーンの背で押し出して油の中に落とす。菜箸で転がし、2分30秒〜3分揚げる。カラッとしたら取り出し、油をきる。

黒糖蒸しパン

黒糖のほんのりとした甘さと、ふんわりとして口どけのよい食感で
小さい子どもでも食べやすい。せいろや蒸し器がなければ、
フライパン蒸しでも作れますよ！

材料（120mlのアルミカップ×4個分）

製菓用米粉 ── 100g
ベーキングパウダー ── 小さじ1
豆乳（成分無調整）── 120g
黒砂糖（粉）── 30g
菜種油（または米油、太白ごま油）── 20g

下準備

☐ アルミカップにグラシンカップを敷く。

作り方

1.
ボウルに豆乳、砂糖を入れ、砂糖
が溶けるまで泡だて器でよく混ぜ
る。油を加え、乳化して全体かな
じむまで混ぜる。米粉、ベーキン
グパウダーを加えてなめらかにな
るまで混ぜる。

2.
カップに分け入れる。

3.
せいろまたは蒸し器に湯を沸かす。
2を並べてふたをし、中火で約18
分蒸す。ふんわりとふくらんだら、
トングなどでカップごと取り出す。

\ memo /
フライパン蒸しの場合は、深さ1/3くらいまで水
を注いで沸騰させ、カップを入れてふたをし、同
様に蒸す。ふたが平らなものの場合は、水滴が落
ちてくることがあるので、大きなキッチンクロス
などでふたを包んでからかぶせて。

みそコーン蒸しパン

どこか懐かしさを感じる甘じょっぱい蒸しパン。
小腹がすいたときのおやつにピッタリ!
型いらず、家にある材料でできるのでとにかく手軽。

材料（直径約 7cm × 4 個分）

製菓用米粉 —— 100g
ベーキングパウダー —— 小さじ 1
コーン缶（ホール）—— 50g
豆乳（成分無調整）—— 60g
きび砂糖 —— 20g
みそ —— 15g

下準備

☐ せいろまたは蒸し器にオーブン用ペーパーを敷く。

作り方

1. ボウルに豆乳、砂糖、みそを入れ、泡だて器で砂糖とみそが溶けるまでよく混ぜる。コーンの水けをきり、米粉、ベーキングパウダーとともに加えて粉っぽさがなくなるまで混ぜる。

2. せいろまたは蒸し器に湯を沸かす。1 を大きめのスプーンですくって 4 等分し、間をあけてのせる。ふたをして中火で約 15 分蒸す。ふんわりとふくらんだら、トングなどで取り出す。

\ memo /
せいろや蒸し器がない場合は、「黒糖蒸しパン」（46 ページ参照）の memo にあるようにアルミカップにグラシンカップを敷いたところに生地を入れ、フライパン蒸しにすれば作れます。

さつまいも蒸しパン

さつまいもは生のまま切って蒸しあげます。
ふわふわの生地の上に、たっぷりのっているので食感も変わり、
最後まで飽きずにペロリと食べられます。

材料（120mlのアルミカップ×5個分）

製菓用米粉 —— 100g
ベーキングパウダー —— 小さじ1
豆乳（成分無調整）—— 100g
きび砂糖 —— 30g
菜種油（または米油、太白ごま油）—— 15g
さつまいも —— 100g

下準備

☐ アルミカップにグラシンカップを敷く。
☐ さつまいもは皮ごと1cm四方に切る。

作り方

1. ボウルに豆乳、砂糖を入れ、泡だて器で砂糖が溶けるまでよく混ぜる。油を加え、乳化して全体がなじむまで混ぜる。米粉、ベーキングパウダーを加えてなめらかになるまで混ぜる。

2. カップに分け入れ、さつまいもをのせる。

3. せいろまたは蒸し器に湯を沸かす。2を並べてふたをし、中火で約20分蒸す。ふんわりとふくらんだら、トングなどでカップごと取り出す。

\ memo /
せいろや蒸し器がない場合は、「黒糖蒸しパン」（46ページ参照）のmemoにあるようにフライパン蒸しでも作れます。

あんこのおやき

生地にごまを混ぜてぷちぷちとした食感とこうばしさに。
米粉、ごま、おから、あんこ…といった和素材どうしの相性もいい。
しみじみおいしい和風おやつ。

材料（直径約 7.5cm × 5 個分）

製菓用米粉 ── 100g
ベーキングパウダー ── 小さじ 1
粒あん（市販品）── 100g
生おから ── 100g
白いりごま ── 12g
豆乳（成分無調整）── 60g
きび砂糖 ── 15g
塩 ── 小さじ 1/2
菜種油（または米油、太白ごま油）── 適量

下準備

□ 粒あんを 5 等分して丸め、軽く潰して平らにする。

子どもと一緒に！お手伝いポイント

粒あんを生地で包むのを手伝ってもらいましょう。粒あんがはみ出さないように包めるかな？

作り方

1.

ボウルにおから、豆乳、砂糖、塩を入れ、ゴムべらで均一になるまでよく混ぜる。ごま、米粉、ベーキングパウダーを加えて粉っぽさがなくなるまで混ぜる。

2.

1 の生地を 5 等分して丸める。手に油少々をつけ、生地 1 個を押さえてのばし、下準備した粒あん 1 個をのせる。少しずつ生地をのばしながら包んで閉じ、平たくする。残りも同様にし、全部で 5 個作る。

3.

フライパンを中火で熱し、油をキッチン用ペーパーで薄く広げる。2 を間をあけて並べ、弱火にする。ふたをして約 10 分焼き、焼き色がついたら上下を返す。再びふたをしてさらに約 10 分焼く。

51

作りおきもできる ナッツのおやつ

最近増えているナッツアレルギーですが、発症する前になるべく早く
口にするのがおすすめという医師からのアドバイスも（76 ページ）。
栄養豊富なナッツを上手におやつに取り入れましょう。

ブリスボール

オーストラリアが発祥といわれるブリスボールは、
砂糖、粉類、オイルを使わず、材料はドライフルーツとナッツだけ。
フードプロセッサーがない場合は、がんばって包丁で細かくたたいて!

材料(直径約 3cm × 6 個分)

アーモンド(ローストしたもの)—— 35g
カシューナッツ(ローストしたもの)— 35g
プルーン(種なし)— 100g
ドライアプリコット — 25g
ココナッツファイン — 適量

下準備

□ アプリコットを 1cm 四方に切る。

子どもと一緒に!お手伝いポイント

ラップをキュッと絞ってまんまるに。ココ
ナッツファインのボウルに移し、まんべ
んなくまぶしましょう。

作り方

1.
フードプロセッサーにアーモンド、
カシューナッツを入れて攪拌し、細
かくする。

2.
プルーンを加えてムラがなくなるまで
さらに攪拌する。下準備したアプリ
コットを加え、形が残る程度に軽く
攪拌する。

3.
バットなどに移して 6 等分し、ラッ
プで包んで丸める。小さめのボウル
にココナッツファインを入れ、1 個
ずつラップをはずして入れて全体に
まぶす。

キャラメルナッツ

バターの代わりにココナッツオイルで風味づけ。
シンプルなナッツが、おいしいおやつに大変身！
子どもも大人も手が止まらなくなるおいしさです。

材料（作りやすい分量）

ミックスナッツ（無塩・ローストしたもの）—— 150g
きび砂糖 —— 50g
ココナッツオイル —— 10g

下準備

☐ 天板またはバットの上にオーブン用ペーパーを広げる。

作り方

1.
フライパンに砂糖、水大さじ1を入れて混ぜ、砂糖が溶けたらココナッツオイルを加えて中火にかける。

2.
泡が小さくなり、濃い茶色になったら火を止め、ミックスナッツを加えてゴムべらで手早く混ぜる。

3.
天板またはバットの上に広げて冷ます。完全に冷めたら、食べやすい大きさに割る。

ドライフルーツとくるみのスティック

ドライフルーツとくるみがギュッと詰まった、ケーキとパンの間のようなおやつ。
少し時間がたつとしっとりして、さらにおいしくなります。

材料（15 × 12.5 × 4cm の型×1 台分）

製菓用米粉 —— 100g
ベーキングパウダー —— 小さじ 1/2
オレンジマーマレード —— 30g
レーズン（オイルコーティングされていないもの）—— 30g
ドライいちじく —— 120g
くるみ（ローストしたもの）—— 50g
豆乳（成分無調整）—— 60g
きび砂糖 —— 35g
塩 —— ひとつまみ
菜種油（または米油、太白ごま油）—— 10g

下準備

☐ くるみは粗く刻む。
☐ 型にオーブン用ペーパーを敷き込む。
☐ オーブンを 170℃ に予熱する。

作り方

1.
ボウルに豆乳、砂糖、塩を入れ、泡だて器で砂糖が溶けるまでよく混ぜる。油を加え、乳化して全体がなじむまで混ぜる。米粉、ベーキングパウダーを加え、ゴムべらで粉っぽさがなくなるまでさらに混ぜる。

2.
マーマレード、レーズン、いちじく、下準備したくるみを加え、ゴムべらで均一に混ぜる。

3.
型に入れて表面をならす。オーブンで約 35 分焼く。取り出して網の上にのせ、完全に冷めたら、2cm 幅の棒状に切る。

最近増えている「食物アレルギー」とは

　「食物アレルギー」（※1）は、簡単にいうと本来は体に害を与えない食べ物を異物と勘違いし、免疫反応が過敏に働いてしまう現象です。その結果、蕁麻疹やかゆみ、咳、嘔吐、下痢などが引き起こされます。
　時に、アナフィラキシー（※2）という重い症状が出ることがあるため、注意が必要です。「食物アレルギー」の患者数は増加傾向にあり、近年では食物アレルギーの特殊型として、IgE 抗体（※3）が関与しない「消化管アレルギー」も急増しており、これは嘔吐、下痢、血便などを起こします。

主な原因食物は、鶏卵、牛乳、小麦

　「食物アレルギー」の原因（アレルゲン）となる食品の種類や頻度は、年齢や、国、個人によって異なります。日本では、食物アレルギーのあるお子さんの原因食物を調べてみると、鶏卵、牛乳、小麦の3大アレルゲンが全体の 70% を占め、特に鶏卵は 40% 近くを占めます。ただ、6 歳までに鶏卵アレルギーのあったお子さんの 66% が鶏卵を食べられるようになったという報告もあります。

なぜ食物アレルギーは増えているの？

　「食物アレルギー」が増えている原因として、「皮膚に湿疹があると食物アレルギーを引き起こす IgE 抗体ができやすくなること」と「離乳食を始める時期が遅くなっていること」があるのではと考えられています。
　湿疹などでバリア機能が壊れた皮膚からアレルゲンを体内に取り入れてしまうと、体はそれを異物と認識して IgE 抗体を作ることがわかってきました。初めて食べたときにアレルギー反応が起きることがあるのは、食べる前から IgE 抗体を作ってしまっているからです。一方、口から食べて腸から吸収することで、その食物に対する免疫寛容（※4）ができるのですが、離乳食を始める時期が遅くなると、免疫寛容の誘導が遅くなり、食物アレルギーになる可能性が高くなります。

※1　食物によって引き起こされる抗原特異的な免疫学的機序を介して、生体にとって不利益な症状が惹起される現象。
※2　発症後、極めて短い時間のうちに全身にアレルギー症状が出る反応のこと。血圧の低下や意識障害などを引き起こし、場合によっては生命を脅かす危険な状態になることもある。
生命に危険な状態をアナフィラキシーショックという。
※3　体に入り込んだアレルギーの原因物質（アレルゲン）に対して働きかけ、体を守る機能を持つ抗体のこと。
※4　体がその食物を異物と認識しないで受け入れるようになること。

みんなと一緒に食べたい！

Part 2

特別な日のおやつ

お誕生日やクリスマスといった記念日や
子どもたちがたくさん集まる日だからこそ
みんなで同じものを食べて楽しみたいもの。
華やかなケーキに気持ちも盛り上がります！

いちごのショートケーキ

定番のケーキも、卵・乳製品・小麦粉なしで作れます！
クリームは生クリームではなく豆腐、
生地には豆乳やアーモンドパウダーを。
やさしい甘さ、ヘルシーな材料だから誰が食べても安心！

→ P.62

いちごのショートケーキ

バニラ風味のなめらかなクリームをたっぷりサンド。
しばらく時間をおくと、ケーキとクリームの一体感が出て、よりおいしい。

材料（直径 15cm の丸型〈底が抜けるタイプ〉×1 台分）

スポンジケーキ
製菓用米粉 —— 120g
ベーキングパウダー —— 小さじ 1
豆乳（成分無調整）—— 110g
きび砂糖 —— 80g
菜種油（または米油、太白ごま油）—— 40g
アーモンドパウダー —— 60g

豆腐クリーム
木綿豆腐 —— 500g
きび砂糖 —— 40g
バニラエッセンス —— 3 滴

いちご —— 300g

下準備
□ 型の底、側面にグラシン紙、または
オーブン用ペーパーを敷き込む。
□ 豆腐をキッチン用ペーパーで包ん
で重石をし、約 30 分おいてしっ
かり水きりする。
□ オーブンを 170℃に予熱する。

作り方

1.
スポンジケーキを作る。ボウルに豆
乳、砂糖を入れ、泡だて器で砂糖
が溶けるまでよく混ぜる。油を加え、
乳化して全体がなじむまで混ぜる。

2.
アーモンドパウダー、米粉、ベーキ
ングパウダーを加えてなめらかにな
るまで混ぜる。

3.
型に入れて表面をならし、オーブン
で約 35 分焼く。型からはずして網
の上などにおき、完全に冷ます。

子どもと一緒に！お手伝いポイント

クリームを塗ったり、いちごをのせたり、多少うまくいかなくても仲よく楽しくデコレーションしましょう！

\ memo /
切るときは回しながら、徐々に中心に向かって切っていくと、厚みが均一になりやすいです。

\ memo /
冷蔵室で1〜2時間おき、スポンジケーキと豆腐クリームをなじませるとさらにおいしくなります。

4.
豆腐クリームを作る。フードプロセッサーに下準備した豆腐、砂糖を入れてなめらかになるまで攪拌する。バニラエッセンスを加えてさらに軽く攪拌する。

5.
スポンジケーキは厚みを3等分に切る。いちごは洗って水けをふき、トッピング用に5〜6粒取りおき、残りは縦半分に切る。

6.
下のスポンジケーキの断面に豆腐クリームの1/5量を塗り、切ったいちごの半量を断面を下にして並べ、同量のクリームを塗る。真ん中のケーキをのせ、同様にする。上のケーキをのせて残りのクリームを塗り、トッピング用のいちごをのせる。

アーモンドケーキ

アーモンドプードルがたっぷり入ったリッチな味わいで
バターや卵がなくてもまったく問題なし！
翌日までおくとさらにしっとりとして、また一段とおいしくなります。

材料（直径 15cm の丸型〈底が抜けるタイプ〉×1台分）

製菓用米粉 ─ 60g
ベーキングパウダー ─ 小さじ1
アーモンドプードル ─ 120g
豆乳（成分無調整）─ 80g
きび砂糖 ─ 80g
菜種油（または米油、太白ごま油）─ 30g
レモンの皮（国産）─ 1/2 個分
ブルーベリー（生または冷凍）─ 35g

下準備

□ 型の底、側面にグラシン紙、またはオーブン用ペ
　ーパーを敷き込む。
□ オーブンを170℃に予熱する。

子どもと一緒に！お手伝いポイント

小さな指なら大人よりも上手に押さえるこ
とができそう！

作り方

1.
ボウルに豆乳、砂糖を入れ、泡だ
て器で砂糖が溶けるまでよく混ぜ
る。油を加え、乳化して全体がなじ
むまで混ぜる。レモンの皮をすりお
ろして加え、アーモンドプードルも
加えて混ぜる。米粉、ベーキングパ
ウダーを加え、ゴムべらでなめらか
になるまで混ぜる。

2.
型に入れてゴムべらで表面をならす。

3.
ブルーベリーを散らして、生地とく
っつく程度に軽く押さえる。オーブ
ンで約 35 分焼く。

豆腐のレアチーズケーキ

とにかくなめらかで、クリームチーズや生クリームを
使っていないとは思えないほど、
見た目も味も食感もまるで本物！のような仕上がり。
少量のみそがわずかな塩けと風味づけにお役立ち。
豆腐との相性もぴったり。
→ P.68

豆腐のレアチーズケーキ

クッキー生地のサクッとした食感とケーキのなめらかさが絶妙。
大人にも子どもにも喜ばれること間違いなし！

材料（直径15cmの丸型〈底が抜けるタイプ〉×1台分）

木綿豆腐 — 350g	クッキー生地
きび砂糖 — 40g	製菓用米粉 — 25g
みそ — 小さじ1	アーモンドプードル — 15g
レモン果汁 — 小さじ2	豆乳（成分無調整） — 10g
粉ゼラチン — 5g	きび砂糖 — 15g
	塩 — ひとつまみ
	菜種油（または米油、太白ごま油） — 10g
	あんずジャム — 大さじ1

下準備

☐ オーブンを170℃に予熱する。

作り方

1.
クッキー生地を作る。ボウルに豆乳、砂糖、塩を入れ、泡だて器で砂糖が溶けるまでよく混ぜる。油を加え、乳化して全体がなじむまで混ぜ、アーモンドプードル、米粉を加えてゴムべらでさらに混ぜる。手でこねてひとまとめにする。オーブン用ペーパーを敷いた上に生地をのせ、ラップをかけて上からめん棒で直径15cmの円形にのばす。

\memo/
焼き縮みするためピッタリかやや大きめを目指して！　大きすぎると型に入らないので要注意。

2.
天板にオーブン用ペーパーごと1をのせ、ラップをはずしてフォークで全体を刺す。

3.
オーブンで約15分焼き、熱いうちにジャムを塗る。そのままおいて、完全に冷めたら型に入れる。

\ arrangement /

クッキー生地を作らず、型ではなく
グラスに入れて冷やし固めれば、
ぐっと手軽に。上には好みのジャム
をのせて、どうぞ。

4.
耐熱容器に水大さじ2を入れ、粉
ゼラチンをふり入れてふやかす。

5.
フードプロセッサーに豆腐を入れて
軽く撹拌し、砂糖、みそ、レモン
果汁を入れ、なめらかになるまで撹
拌する。

6.
4をラップをかけずに電子レンジで
約20秒加熱して溶かし、5に加え
てさらに撹拌する。3の型に流し入
れ、冷蔵室で約2時間おいて冷や
し固める。

ブラウニー

どっしりと食べ応えがあるのは食物繊維豊富なおからが入っているから！
でも、味は濃厚なココア味なのでまったく違和感なし。
好みの大きさに切ってプレゼントするのもおすすめですよ。

材料（15 × 12.5 × 4cm の型×1 台分）

製菓用米粉 —— 100g
ベーキングパウダー —— 小さじ 1
ココアパウダー —— 30g
生おから —— 100g
豆乳（成分無調整）—— 100g
きび砂糖 —— 80g
塩 —— ひとつまみ
くるみ（ローストしたもの）—— 35g

下準備

□ 型の底、側面にオーブン用ペーパーを敷き込む。
□ くるみは粗く刻む。
□ オーブンは170℃に予熱する。

＼memo／

焼きたては生地が不安定なため、冷まして落ち着かせる。また、1～2日たつとさらにしっとり感が増す。

作り方

1.

ボウルにおから、豆乳、砂糖、塩を入れ、泡だて器で均一になるまで混ぜる。ココアパウダーを加え、ムラがなくなるまで混ぜる。さらに下準備したくるみを加え、ゴムべらで混ぜ、米粉、ベーキングパウダーを加えて粉っぽさがなくなるまで混ぜる。

2.

型に入れて、ゴムべらで表面をならし、オーブンで約 25 分焼く。

3.

型からはずし、網の上などにおいて完全に冷ます。

いちごの豆腐ババロア

二層に分かれた乙女心をくすぐるおやつ。いちごの甘酸っぱさが存分に味わえます。
ふだんのおやつにするならゼリーは作らずに、ババロア生地をグラスに固めて
いちごをトッピングするだけでも十分おいしくて、かわいくなります。

材料（約 200mlのグラス×4個分）

ババロア		ゼリー	
木綿豆腐	250g	いちご	150g
きび砂糖	50g	きび砂糖	40g
いちご	100g	粉ゼラチン	5g
粉ゼラチン	5g		

作り方

1.
ババロアを作る。耐熱容器に水大
さじ 3 を入れ、ゼラチンをふり入れ
てふやかす。豆腐の水けをキッチン
用ペーパーで軽く押さえてフードプ
ロセッサーに入れる。砂糖も加えて
なめらかになるまで攪拌する。いち
ごを加え、均一になるまでさらに攪
拌する。

2.
ふやかしたゼラチンをラップをかけ
ずに電子レンジで約 30 秒加熱して
溶かし、1 のフードプロセッサーに加
えてムラがなくなるまで攪拌する。
グラスに分け入れ、冷蔵室で 1 時間
以上おいて冷やし固める。

3.
ゼリーを作る。耐熱容器に水大さ
じ 3 を入れ、ゼラチンをふり入れて
ふやかす。きれいにしたフードプロ
セッサーにいちごを入れて攪拌し、
ピューレ状にする。砂糖、水 100
mlを加えてさらに攪拌する。ふやか
したゼラチンをラップをかけずに電
子レンジで約 30 秒加熱して溶か
し、フードプロセッサーに加えて攪
拌する。2 に流し入れ、冷蔵室で
1 時間以上おいて冷やし固める。

チョコレートムース

材料はたった2つ、豆腐とチョコレートだけ！
これらを混ぜるだけで濃厚な本格的デザートになるなんて驚き。
カカオの風味を感じやすいビターなチョコレートを使うのがポイントです。

材料（4人分）

木綿豆腐 —— 200g
板チョコレート（ビター）—— 80g

子どもと一緒に！お手伝いポイント

フードプロセッサーを使わず、泡だて器
でがんばってなめらかにしても！ ひたす
ら混ぜ続けて！

作り方

1.
チョコレートを手で割ってボウルに
入れる。小さめの鍋に湯を沸かして
火を止め、ボウルをのせる。ゴムベ
らで混ぜてチョコレートを溶かす。

2.
キッチン用ペーパーで豆腐を包んで
軽く水けを押さえる。フードプロセ
ッサーに入れ、なめらかになるまで
攪拌し、1を加えてムラがなくなるま
でさらに攪拌する。

3.
保存容器に入れ、冷蔵室で1時間
以上冷やす。

アレルゲンは皮膚から入るとよくない

　国立成育医療研究センターの研究や海外からの報告により、乳児期に湿疹・アトピー性皮膚炎を発症した子どもは、「食物アレルギー」など、ほかのアレルギー疾患を発症するリスクが非常に高いということがわかってきました。初めて食べたときにアレルギー反応が起きることがあるのは、食べる前から体内にIgE抗体（58ページ ※3）を作ってしまっているからです。離乳食を始める前に鶏卵アレルギーを発症している子どもも相当数いると推測されます。

　栃木県、福岡県、熊本県の約90軒の家庭を対象にし、3歳のお子さんの布団のホコリを調べたところ、全員の布団から卵アレルゲンが検出されました。そして、その数は主要なダニアレルゲンより多いという調査結果でした。私たちの環境には多くのアレルゲンが存在していると考えられます。

予防のコツは「皮膚をきれいに」して「早く食べ始める」

　「食物アレルギー」の予防のポイントは、まず、皮膚を早めの治療できれいにして、皮膚からアレルゲンが入らないようにすること。そして、早い時期から少しずつ食べさせることで、食物に対する免疫寛容（58ページ ※4）へと誘導してあげることです。

　乳幼児期の湿疹を「よくあることだから」「薬を使うのが怖いから」と放置したり、食品の摂取を遅らせることのほうが、結果的にはアレルギー発症のリスクを高めてしまいます。

　過去、「アレルギーを起こしやすい食品を与えるのは遅く」といわれた時期もありますが、2019年の春に改定された「授乳・離乳の支援ガイド」（赤ちゃんへの授乳や離乳食についての国の指針）では、「特定の食物の摂取開始を遅らせても、食物アレルギーの予防効果があるという科学的根拠はない」と明記されました。例えば卵の場合、生後5〜6か月の離乳初期から、かたゆでした卵黄などを試し始めるという目安が示されています。一度アレルギーになるとやっかいなピーナッツ、ナッツ類についても、早めに少しずつ食べさせることが、発症予防に役立つと考えられます。

　ただし、これらは皮膚に問題がない子どもの場合です。皮膚が荒れた状態のまま食べてしまうとアレルギーを発症しやすいので、医師と相談しながら進めましょう。

おうちで楽しみたい！

Part 3

ひんやり＆あったかおやつ

子どもたちが大好きなプリンやアイスクリームも
卵・乳製品・小麦粉なしで実現！
手作りならではのやさしいおいしさを
楽しみましょう。

豆乳プリン

ぷるんと舌触りのよいなめらかなプリンが
卵や牛乳を使わなくてもできるんです！
カラメルソースをかければ見た目も味もまさにプリン。

材料（120mℓのアルミカップ×4個分）
豆乳（成分無調整）── 300g
きび砂糖 ── 30g
バニラエッセンス ── 3滴
粉ゼラチン ── 5g
カラメルソース
　きび砂糖 ── 50g
　水 ── 大さじ1
　湯 ── 大さじ2

子どもと一緒に！お手伝いポイント

ゼラチンが粉から液体へ、そしてプリン
になる状態を一緒に観察しながら作りま
しょう！

作り方

1.
カラメルソースを作る。小鍋または
フッ素樹脂加工の小さめのフライパ
ンに砂糖、水を入れて混ぜる。中
火にかけ、泡が小さくなり、濃い茶
色になったら火を止め、湯を加えて
のばす（はねることがあるので注意す
る）。熱いうちにカップに分け入れ、
冷蔵室で冷やす。

2.
小さめの容器に水大さじ3を入れ、
ゼラチンをふり入れてふやかす。耐
熱ボウルに豆乳100g、砂糖を入れ、
ラップをかけずに電子レンジで約1
分加熱する。ふやかしたゼラチンを
加え、ゴムべらで混ぜて溶かす（溶
けない場合は様子を見ながら再加
熱する）。残りの豆乳、バニラエッセ
ンスも加えて混ぜる。

3.
1のカップに分け入れ、冷蔵室に2
時間以上おき、冷やし固める。皿
をかぶせて上下を返し、取り出す。

memo
スプーンでふちを軽く押さえながら一周
し、側面に空気が入るようにしてから上
下を返すときれいに抜ける。

黒ごまプリン

黒練りごまの濃厚な風味が楽しめるプリン。
豆乳で作った練乳風のソースをかけると
まろやかになり、また違う味わいに。

材料（120mℓのアルミカップ×4個分）

豆乳（成分無調整）—— 300g
黒練りごま —— 50g
きび砂糖 —— 30g
粉ゼラチン —— 5g
豆乳ソース
  豆乳（成分無調整）—— 50g
  きび砂糖 —— 10g

作り方

1. 小さめの容器に水大さじ3を入れ、ゼラチンをふり入れてふ
   やかす。

2. 耐熱ボウルに豆乳100g、砂糖、練りごまを入れ、ラップを
   かけずに電子レンジで約1分加熱する。1を加えて混ぜ、
   ゼラチンを溶かす（溶けない場合は様子を見ながら再加熱す
   る）。残りの豆乳を加えて混ぜ、カップに分け入れて冷蔵室
   に2時間以上おき、冷やし固める。

3. 豆乳ソースを作る。耐熱ボウルに材料を入れて混ぜ、ラッ
   プをかけずに電子レンジで約3分30秒加熱して再び混ぜ、
   そのままおいて冷ます。2に皿をかぶせて上下を返し、取り
   出す。豆乳ソースをかける。

あずきプリン

粒あんの重みで自然と二層に分かれる、見た目もかわいいプリン。
やさしい甘さ、ぷるんとした食感は子どもも大人も大好き。黒みつをかけてもおいしい。

材料（120mℓのアルミカップ×4個分）

豆乳（成分無調整）—— 280g
粒あん（市販品）—— 100g
粉ゼラチン —— 5g

作り方

1. 小さめの容器に水大さじ3を入れ、ゼラチンをふり入れてふやかす。

2. 耐熱ボウルに豆乳100g、粒あんを入れ、ラップをかけずに電子レンジで約1分加熱する（溶けない場合は様子を見ながら再加熱する）。1を加えて混ぜ、ゼラチンを溶かす。残りの豆乳を加えて混ぜる。

3. カップに分け入れ、冷蔵室に2時間以上おき、冷やし固める。皿をかぶせて上下を返し、取り出す。

バナナと甘酒のアイス

砂糖を使わず、バナナと甘酒の天然の甘みを合わせたアイス。
固まるまでに何回かかき混ぜると、よりなめらかになり、アイスクリームに近づきます。

材料（4人分）

バナナ —— 正味100g

甘酒 —— 150mℓ

＼ memo ／

甘酒はとろみの強い、濃厚なタイプのほうがおすすめ。

子どもと一緒に！お手伝いポイント

バナナを潰して混ぜるだけだから、最初から最後まで一緒に作れます！

作り方

1.
ボウルにバナナを入れ、泡だて器でよく潰す。

2.
甘酒を加えて混ぜる。

3.
ラップをかけて冷凍室に入れ、2～3時間おいて凍らせる。途中3回くらい泡だて器でかき混ぜてなめらかにする。

レモン寒天

見た目にも涼しげで、さわやかな寒天。
レモンの輪切りは砂糖と一緒にレンジ加熱してから並べます。
そのときにできるシロップはレモンの酸味とほろ苦さがあるので、お好みでどうぞ。

材料（15 × 12.5 × 4cm の流しかん×1 台分）
国産レモンの輪切り（2mm 厚さのもの）── 6 枚
きび砂糖 ── 20g
粉寒天 ── 4g
グラニュー糖（またはきび砂糖）── 50g
レモン果汁 ── 50㎖

＼ memo ／
レモンが完全に冷めていないと、寒天液を流し入れたときに浮いてくることがあるのでご注意を！

作り方

1.
耐熱容器にレモンの輪切り、きび砂糖を入れてふんわりとラップをかける。電子レンジで約 2 分加熱してからラップをはずし、そのままおいて冷ます。レモンの輪切りを流しかんに並べる。シロップは取りおく。

2.
鍋に水 400㎖、寒天を入れて混ぜる。中火にかけ、泡だて器で時々混ぜながら沸騰するまで加熱する。さらに混ぜながら1～2分煮詰めて火を止め、グラニュー糖、レモン果汁を加えて混ぜる。

3.
2 を 1 の流しかんに流し入れ、冷蔵室で1時間以上おいて冷やし固める。型からはずして器に盛り、シロップを添える。

ブルーベリーとオレンジのゼリー

果肉がそのままごろごろっと入ったぜいたくなゼリー。
グレープフルーツなどほかのかんきつ類やいちご、ぶどうなど
季節に合わせて果物を変えて作っても!

材料（約130mlのグラス×5個分）

オレンジ —— 2個
ブルーベリー（生）—— 80g
グラニュー糖 —— 50g
レモン果汁 —— 大さじ1
粉ゼラチン —— 5g

子どもと一緒に!お手伝いポイント

今回はオレンジとブルーベリーですが、子どもたちが好きな果物を何種類かそろえて、自由に入れるのも楽しそう!

作り方

1.
小さめの容器に水大さじ3を入れ、ゼラチンをふり入れてふやかす。

2.
オレンジは薄皮をむいて3等分に切る。ブルーベリーとともに、グラスに分け入れる。

3.
耐熱ボウルに水100ml、グラニュー糖、レモン果汁を入れて混ぜ、ラップをかけずに電子レンジで約1分加熱する。1を加えて溶かし、水200mlを加えて混ぜる。2に分け入れ、冷蔵室で2時間以上冷やし固める。

豆乳ごま汁粉

あずきではなく、練りごまと豆乳で作る変わり汁粉。
さらっとしているけれど、味わいは濃厚。寒い日におなかの中から温まります。

材料（2人分）

豆乳（成分無調整）── 200g
白練りごま ── 30g
きび砂糖 ── 15g
白玉粉 ── 30g

作り方

1.

ボウルに白玉粉、水25mlを入れ、手でなめらかになるまでこねる。6等分して丸める。

2.

鍋に湯を沸かし、1を入れてゆでる。浮き上がってきてから約2分ゆで、ざるにあける。

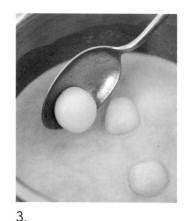

3.

鍋に豆乳、練りごま、砂糖を入れて中火にかけて混ぜる。沸騰直前に火を止め、2を加える。

手で直接生地をさわってこねるのは楽しいですよね。量を増やして、白玉を多めに作っても！

子どもと一緒に！お手伝いポイント

さつまいもだんご

おいもの甘みがそのまま味わえる素朴なおやつ。
あずきを添える以外にも、
きなこをまぶしたり、焼いたりしてもおいしいです。

材料（12個分）

さつまいも —— 正味100g
白玉粉 —— 50g

作り方

1. さつまいもは2cm厚さの輪切りにし、皮をむく。耐熱皿に並べてふんわりとラップをかけて電子レンジで約2分加熱する。ボウルに移し、すりこぎやフォークで潰して冷ます。

2. 別のボウルに白玉粉、水60mlを入れてゴムべらで混ぜる。1を加えてざっと混ぜ、手でなめらかになるまでこねる。12等分して丸め、少し潰して平らにする。

3. 鍋に湯を沸かし、2を入れてゆでる。浮き上がってから約2分ゆでてざるに上げる。器に盛り、好みでゆであずきを添える。

おやつは楽しく食べることを優先

　一度にたくさん食べることができない子どもにとって、おやつは大事なエネルギー源です。三度の食事だけでは不足しがちなカロリーと栄養を補う「第4の食事」ともいわれ、小休止や気分転換、お友だちや親とのコミュニケーションツールでもあります。

　また、家庭で食べるおやつの時間は、いろいろな食品に慣れる機会としても活用できます。皮膚が健康な状態なら、例えばヨーグルトに、パウダー状のナッツ（製菓用、ドリンク用など）や、ピーナッツペーストを混ぜるなど、アレルゲンになりやすい食品を少しずつ取り入れていくのも一案です。

　ただし、いずれの場合も、子どもが食べたがらないときは、無理に食べさせる必要はありません。子どもによって食べる量、好き嫌いも違います。おやつはあくまで「楽しく食べる」ことを優先しましょう。

親ががんばりすぎないことも大事

　子育て世代は社会的にも忙しく、また、親きょうだいやご近所に頼れずに、孤独と闘いながら育児をしている方も多いと思います。親が神経質になりすぎてイライラしては、子どもにもよくありません。お子さんと一緒にいるときは、楽しみながら過ごせる時間になるとよいなと思います。

　アレルギーや離乳食のことも、主にお母さんが一人でがんばっているケースが多く、精神的に行き詰まってしまうこともあるでしょう。子育ては毎日のことですから、無理をしすぎないことが大事です。おやつにしても、一度に多めに作っておいたり、ふだんから信用できる市販品をリサーチしておくなど、いざというときの逃げ道を確保しておきましょう。

食物アレルギーについてわからないことがある場合は、専門医に相談するのがいちばんですが、下記ウェブサイトも参考にしてください。

▼ **アレルギーポータル**
厚生労働省の補助事業として一般社団法人日本アレルギー学会が運営するサイト。アレルギーの基礎知識や、全国の専門家のいる医療機関をリストにまとめてあります。
https://allergyportal.jp

▼ **国立成育医療研究センター　アレルギーセンター**
ガイドラインの標準治療を基本とする、信頼性の高い治療を行っています。
https://www.ncchd.go.jp/hospital/about/section/allergy/about.html

監修／山本貴和子先生

国内最大規模の小児・周産期・産科・母性医療を専門とする国立成育医療研究センター　アレルギーセンター　総合アレルギー科に在籍。日本アレルギー学会指導医でもある。

おしまいに

食べることが大好きだった私が子どものころ
一番の楽しみだったのは、毎日のおやつ。

兄たちと分けあうスナック菓子、
来客時に用意される洋菓子店のケーキ、
デパ地下のカウンターで食べるアイスクリーム、
街角で買い食いする温かいワッフル、
そして、ワクワクしながら待つ母の出来立ておやつ…。

どれもなんてことはない小さな思い出ですが、
自分の支えになっている気がします。

私には子どもはいませんが、
子どもたちみんなに楽しいおやつの思い出をたくさん作ってもらいたい。
「アレルギーだからあれもこれも食べられなかった」より、
「あれが美味しかった」「たのしかった」を、少しでも増やすことに、
この本がほんのちょっとでも役に立てると嬉しいです。

卵も乳製品も小麦粉も使わない、ちょっと変わったこの本のレシピは、
だからこその味わいや食感がありますし、
何より、粉ふるいや卵の泡だていらずで簡単、洗い物も少なくてすみます。
材料も手に入りやすいものばかりなので、
毎日のおやつとして、ぜひ気軽に作ってみてください。

桑原奈津子

桑原奈津子

カフェのベーカリーとキッチン、製粉会社の商品開発、加工でんぷん会社の研究職を経て、料理研究家に。身近な材料でできる作りやすいお菓子やパンのレシピ、そのおいしさには定評がある。動物をこよなく愛し、クロ（猫）、キップル（犬）、小鉄（猫）が登場するインスタも人気。
https://www.instagram.com/kwhr725

卵・乳製品・小麦粉なし
作ってあげたい子どものおやつ

2020年 3 月13日　初版発行
2024年10月25日　4 版発行

著者　　桑原奈津子（くわはらなつこ）

発行者　山下直久
発行　　株式会社KADOKAWA
　　　　〒102-8177
　　　　東京都千代田区富士見 2-13-3
　　　　電話　0570-002-301（ナビダイヤル）
印刷所　TOPPANクロレ株式会社

デザイン　野本奈保子（ノモグラム）
撮影　キッチンミノル
スタイリング　阿部まゆこ
ライター　伊藤由起（P58、76、91）
校正　新居智子　根津桂子
取材協力　国立成育医療研究センター
Special thanks　はる　いちか　かん